DEPARTEMENT DE LA SEINE

DIRECTION DES AFFAIRES DÉPARTEMENTALES

ÉTAT DES COMMUNES

A LA FIN DU XIXe SIÈCLE

publié sous les auspices du Conseil Général

VILLETANEUSE

NOTICE HISTORIQUE

ET

RENSEIGNEMENTS ADMINISTRATIFS

VILLETANEUSE

NOTICE HISTORIQUE

VILLETANEUSE[1]

Anciennement, communauté de la Généralité et de l'Élection de Paris, subdélégation de Saint-Denis, paroisse du doyenné de Montmorency.

De 1790 à l'an IX, commune du district de Saint-Denis (supprimé en l'an III) et du canton de Pierrefitte.

De l'an IX à 1893, commune de l'arrondissement et du canton de Saint-Denis.

Actuellement, en vertu de la loi du 12 avril 1893, commune de l'arrondissement de Saint-Denis et du canton d'Aubervilliers.

1. Il n'existe en France aucune autre localité portant le nom de Villetaneuse.

I. — FAITS HISTORIQUES

Le contraste d'une vie exclusivement calme et champêtre, aussi étrangère que possible à la fièvre, aux passions qui, à moins de trois lieues, agitent la grande ville, ce contraste, toujours un peu inattendu et surprenant, est offert par plusieurs communes du département, celles surtout qui sont situées aux points extrêmes nord et sud ; il est très sensible à Villetaneuse, et l'impression que ce paisible pays n'a pas dû avoir d'histoire n'est pas trompeuse.

L'origine même de son nom n'est pas certaine : l'on n'a encore proposé à son sujet que des hypothèses. La plus probable n'a rien de flatteur : *villa tineosa*, forme contractée en *tignosa*, signifierait « village sordide », littéralement « village teigneux », et aurait été, dans le principe, un sobriquet injurieux, ou au moins malicieux, donné par les habitants des villages voisins. L'abbé Lebeuf a mis en avant une autre signification : lieu où l'on traite le tan, l'écorce du chêne, étymologie que justifierait le voisinage du bois de Richebourg, — la butte Pinson, — qui domine le village au nord-est, et il imagine « qu'il a pu y avoir des magasins de cette écorce » à Villetaneuse. Peut-être encore, pourrait-on supposer une forme originelle *villa stagnosa*, pays d'étangs. — ce qui s'expliquerait par la présence de l'étang qui forme les fossés de l'ancien château ; mais il faut avouer que la première étymologie satisfait le mieux aux lois de la philologie, et a pour elle le suffrage des érudits les plus compétents [1]. Ces appellations défavorables étaient très fréquentes jadis, et subsistèrent souvent alors qu'on n'en connaissait plus le sens.

Un autre point obscur est celui du vocable de l'église paroissiale : saint Liphard, qui confessa la religion catholique à Meung, dans l'Orléanais, au VIe siècle. Pour quelle cause devint-il le patron de l'église de Villetaneuse ? On doit penser que c'est parce que ses reliques furent apportées en ce lieu à une époque lointaine, sans doute lors des invasions normandes ; c'est encore là une conjecture.

---

1. Nous invoquerons en première ligne l'opinion de M. Longnon, dont les travaux sur l'origine des noms de lieu rendent l'autorité absolument incontestable.

La première mention certaine de Villetaneuse date de l'année
1120, et elle n'est guère explicite. En cette année, Richard de Villetaneuse, *Ricardus de Villa tineosa* est nommé dans une donation
faite par Bouchard de Montmorency. Des mentions analogues
concernant Pierre de Villetaneuse, Philippe de Villetaneuse, Adam,
chevalier de Villetaneuse, appartiennent aux années 1177, 1185,
1230. Ce dernier fit acte de foi et d'hommage à l'abbaye de Saint-
Denis entre les mains de son abbé, Eudes; Lebeuf, jusqu'ici le seul
historien du village, ajoute qu'à la même époque, un certain Robert
Mauvoisin était en partie seigneur de Villetaneuse. Ces rares indications permettent de supposer que les terres de la paroisse avaient
pour suzerains les sires de Montmorency, d'une part, l'abbaye de
Saint-Denis, d'autre part.

En 1350, dit encore Lebeuf, Arnoul de Braque avait des fiefs et
arrière-fiefs à Villetaneuse. Simon de Maintenon et Marie, veuve
de Pierre de Margency [1], y possédaient de menus cens appelés
franchises, qu'ils vendirent aussi en 1350 à Jean Chomel, trésorier
des guerres. En 1470, Pierre du Ploich, écuyer, seigneur de Villetaneuse, est mentionné dans un titre de la censive de l'abbaye de
Saint-Magloire.

Tous ces renseignements sont bien vagues et ne constituent
guère que des nomenclatures de possesseurs de fiefs, inconnus
d'autre part.

Une déclaration des revenus de la cure, en 1463, donne quelques
indications topographiques : il y est fait mention de la ruelle Saint-
Lieffard, du lieu dit « le Mont Syon, proche les plâtres de Ville-
teigneuse», aboutissant au chemin par où l'on va à l'hôtel de Richebourg. Cet hôtel de Richebourg, nous avons eu occasion d'en constater l'existence, vers la même époque dans la Notice historique
sur Pierrefitte (p. 9).

Au XVIᵉ siècle, la seigneurie de Villetaneuse appartenait, en 1517,
à Marie Barme, fille d'un président au Parlement, qui, par son
mariage avec Guillaume de Vaudetar, la fit entrer dans cette famille.

En 1550, Jean du Vivier était seigneur de Villetaneuse. Après
lui, on trouve Julien Chauveau, procureur au Parlement, en 1580.

Par acte du 29 mars 1613, « noble homme maistre Anne Robert,
avocat au Parlement, seigneur de Villetaneuse, demeurant à Paris

---

1. Margency est un village voisin, du département de Seine-et-Oise, dans la
vallée de Montmorency.

sur le quai de la Tournelle », et Jacques Doublet, religieux cenier de l'abbaye de Saint-Denis, échangèrent les droits seigneuriaux réciproques qu'ils possédaient à Pierrefitte et à Villetaneuse. Les droits d'Anne Robert pour Villetaneuse furent limités à « la séparation du demy-arpent de vigne qui est assis sur le bord du grand chemin de Paris ». L'acte mentionne encore, comme lieux dits, les Plastrières, le bois de Richebourg et Eschallehault [1].

Lebeuf a trouvé, à la date de 1622, une autre mention de cet Anne Robert; puis, en 1639, la mort de Jean Dugué, maître des Comptes et seigneur de Villetaneuse, qui légua à la fabrique de l'église paroissiale une rente de cent cinquante livres. Il fut inhumé à Paris, dans l'église Saint-Nicolas-des-Champs, rue Saint-Martin.

La terre appartint ensuite à la famille Girard. En 1646, Louis Girard, chevalier, conseiller du Roi, procureur général à la Chambre des Comptes, seigneur de Villetaneuse et d'Épinay-sur-Seine, fut parrain d'une cloche de l'église Saint-Pierre-de-Gonesse. [2] C'est lui qui fit ériger la seigneurie de Villetaneuse en comté, par lettres-patentes de 1657, que le Parlement enregistra l'année suivante, le 7 septembre.

Vers la fin du siècle, c'était encore Louis Girard ou son fils, qui était seigneur de Villetaneuse ; sa femme se nommait Marie Royer.

En 1701, dit M. de Boislisle dans les notes qu'il a ajoutées au *Mémoire de la Généralité de Paris*, [3] Villetaneuse appartenait au duc de Brancas par son mariage avec Marie-Madeleine Girard, et fut possédée ensuite par Louis de Brancas, duc de Villars, colonel d'infanterie, qui mourut en 1739. Lebeuf doit se tromper lorsqu'il parle du marquis de Beauvau comme seigneur de Villetaneuse vers la même époque. On ignore les noms des derniers possesseurs entre ce moment et la Révolution.

L'extraction du plâtre était, avec la culture des terres, la principale fortune du pays, autrefois comme aujourd'hui. Le 19 novembre 1783, Lenoir, lieutenant général de police, rendit une ordonnance sévère contre deux carriers qui exploitaient sans permission :

Vu le procès-verbal dressé le 29 octobre 1783 par le sieur Guillaumot, architecte du Roi, contrôleur et inspecteur général aux travaux des carrières sous

1. *Archives nationales*, S. 2364. Voy. encore dans dans la notice sur Pierrefitte ce qui a trait à Jacques Doublet (p. 10).

2. GUILHERMY, *Inscriptions de l'ancien diocèse de Paris*, tome II, p. 544.

3. Collection des documents inédits de l'histoire de France, 1881, in-4°, p. 211, note 5.

Paris et plaines adjacentes, duquel il résulte qu'en exécution des déclarations de Sa Majesté, des 5 septembre 1778, 23 janvier 1779 et 17 mars 1781, il s'est transporté au territoire de la paroisse de Villetaneuse où il a trouvé, derrière le parc du château seigneurial, des ouvriers travaillant à deux carrières à plâtre, contiguës, à tranchée ouverte et à découvert, lesquels lui ont déclaré que l'une desdites carrières appartient au sieur Perrard, demeurant à Pierrefitte, par lui donnée en exploitation au nommé Mairé, habitant du même lieu, et que l'autre appartient au sieur Prevot, aubergiste audit lieu; que les fouilles de ces deux carrières sont portées jusqu'au bout d'un chemin de charroi fréquenté, longeant les murs dudit parc; qu'il y a même un petit cavage abandonné sous une partie du même chemin, qu'on lui a assuré être du fait dudit Prevot; que les dites exploitations n'ont pas même été précédées des permissions prescrites par les règlements; qu'il est instant de faire faire les remblais nécessaires pour appuyer ledit chemin et prévenir les accidens qui pourraient arriver par l'effet de l'excavation à pic qu'ils ont formée le long d'icelui, et qui présente un précipice dangereux ;

Vu aussi les déclarations de Sa Majesté ;

Nous ordonnons que dans le jour de la signification de notre présente ordonnance, l'exploitation des dites deux carrières appartenant aux sieurs Perrard et Prevot sera et demeurera interdite; les condamnons à remblayer très promptement les excavations par eux faites ou qu'ils ont permis de faire le long dudit chemin, et sera le remblai exécuté sous l'inspection des officiers de l'administration des carrières, à l'effet de rendre audit chemin sa solidité ordinaire; à l'effet de quoi les dits sieurs Perrard et Prevot seront tenus, dans huitaine, d'y mettre ouvriers suffisants, sinon ils y seront employés à leurs frais.

Et pour la contravention par eux commise aux règlements en exploitant sans permission à côté et dessous une partie du même chemin, les condamnons chacun en trois cents livres d'amende et à la garantie des événements qui pourraient arriver par leur fait, dont ils demeureront responsables. Et sera notre présente ordonnance imprimée et affichée partout où besoin sera, et notamment au village de Villetaneuse, à ce qu'aucun n'en ignore.

Fait à Paris le dix-neuf novembre mil sept cent quatre vingt-trois.

Signé : Lenoir. 1

Le 13 avril 1789, les habitants de Villetaneuse s'assemblèrent pour rédiger le cahier de leurs doléances, destiné à être soumis aux États Généraux; ils y formulèrent les généreuses aspirations vers la liberté que la France entière réclamait; puis, au point de vue local, demandèrent « que les voitures publiques n'empêchent pas les pauvres de monter dans les charrettes qu'ils trouvent vides sur les routes ». La ferme des voitures publiques s'opposait, en effet, avec une rigueur barbare, à ce qu'un particulier pût transporter *gratuitement* dans sa voiture un piéton rencontré sur la route. Ils

---

1. Factum imprimé à l'impr. royale — 3 pp. in-4°.

demandèrent, en outre, la suppression des barrages, péages et autres impôts qui entravent la liberté du commerce ; aussi est-on surpris de trouver, au milieu de ces libérales revendications, le désir exprimé « que les cabaretiers des paroisses ne vendent de vin, les dimanches, à aucun habitant de la paroisse, afin que le service divin soit mieux observé ».

En 1791, le Directoire du district de Saint-Denis procéda à la vente de biens nationaux situés sur le territoire de la commune ; ils étaient peu nombreux : les religieuses Bénédictines de la Ville-l'Évêque, à Paris, possédaient à Villetaneuse une ferme dont la majeure partie des dépendances était située sur le territoire du hameau de la Briche ; les autres biens provenaient de la fabrique ; sur les affiches de vente, ils sont dits situés aux lieux dénommés alors : Vuide bourse, — la Maladrerie, — les Ormes, — les Aulnes, — les Plâtrières, — Échallaut, — le Marais, — l'ancien chemin de Saint-Denis à Pierrefitte.

La disparition, — trop fréquente dans les communes de la Seine, — des registres de délibérations communales pendant la Révolution, nous prive irrémédiablement de détails qui n'auraient pas été sans intérêt sur la vie publique à Villetaneuse, durant cette grande époque et le règne impérial qui la suivit.

La collection de ces registres n'existe plus qu'à dater de 1813 ; encore le premier est-il en fort mauvais état et ses feuillets initiaux se déchiffrent avec peine.

Le gouvernement de Louis XVIII imposa aux maires des mesures de réaction qui durent faire un singulier contraste avec le régime de liberté précédent. Nous citons, à titre de curiosité documentaire, l'ordonnance de police prise par le maire en 1816 pour interdire le travail du dimanche et réglementer les débits de boisson :

Le maire de la commune de Villetaneuse arrête :

ARTICLE PREMIER.— Il est défendu à tous cultivateurs, vignerons, journaliers et charretiers de cette commune de se livrer aux travaux de l'agriculture, les jours de dimanches et fêtes reconnues par la loi, depuis neuf heures du matin jusqu'au soir, à moins qu'ils n'en aient obtenu la permission du maire, qui jugera de l'urgence des travaux.

ART. 2. — Il est défendu aux cabaretiers, marchands de vin, débitants de boissons, maîtres de paume, de boule et de toute espèce de jeux de cette commune, de tenir leur maison ouverte et d'y donner à boire et à jouer, les dits jours de dimanches et fêtes pendant le temps de l'office.

Art. 3.— Hors les heures ci-dessus indiquées, les dénommés dans l'article précédent pourront, les dits jours de dimanches et fêtes, tenir leur maison ouverte, donner à boire et à jouer, mais il leur est expressément ordonné de fermer leur maison et cabarets à neuf heures du soir, depuis le premier octobre jusqu'au premier avril et à dix du soir depuis le premier avril jusqu'au premier octobre.

Art. 4.— Monsieur notre adjoint est chargé de surveiller l'exécution du présent arrêté et d'en constater les contraventions par procès-verbaux qu'il nous transmettra pour être statué ce qu'il appartiendra.

Art. 5.— Notre garde champêtre est spécialement chargé de surveiller l'exécution du présent arrêté, en se transportant soit dans les champs soit dans les maisons de cabarets et de jeux, et s'il trouvait des contrevenants aux articles 1 et 2 du présent arrêté, il lui est enjoint de dresser contre eux des procès-verbaux qu'il nous transmettra.

Art. 6.— Le présent arrêté aura son exécution dès dimanche prochain, trente et un du présent mois de mars.

Art. 7.— Deux expéditions seront par nous remises l'une à M. notre adjoint qui demeure chargé de le faire publier au son du tambour, et l'autre à notre garde champêtre, afin qu'ils ayent à s'y conformer chacun en ce qui les concerne.

Fait à la mairie de Villetaneuse, le 29 mars 1816.

Le Maire,
MORIGNY.

Peu après, à la date du 8 mars 1817, se rencontre dans le même registre, une ordonnance municipale encore plus inattendue, interdisant le jeu de balle dans la commune. Les causes invoquées pour cette prohibition sont que les balles, lancées maladroitement ou à dessein, brisent les vitres, et que les joueurs escaladent souvent les clôtures pour aller à la recherche de l'instrument de leur jeu.

La Révolution de 1848 ne laissa pas indifférente la municipalité de Villetaneuse; elle lui fournit même l'occasion de faire entendre au nouveau gouvernement, en même temps que ses sentiments patriotiques, l'expression de ses besoins et de plaider la défense de ses intérêts. La délibération, prise le 6 mars 1848, commence en effet en ces termes:

« Nous, maire, adjoint et membres du Conseil municipal de la commune de Villetaneuse, déclarons par ces présentes que nous nous rangeons de tout notre cœur sous la bannière républicaine proclamée par le gouvernement provisoire et nous croirions manquer à notre devoir si, en même temps, nous n'exposions au gouvernement provisoire les besoins les plus urgents de notre commune...; »

Et sans autre transition, il est question du percement d'un chemin de grande communication de Villetaneuse à Pierrefitte ; — de l'établissement d'un puits artésien, car « il faut se procurer de l'eau à la Seine, distante de 3 kilomètres, par des porteurs d'eau souvent peu exacts ; » — de la nécessité de reconstruire l'église, située à 5oo mètres du village « dans un lieu marécageux où l'eau sourcille à un mètre du sol, ce qui occasionne que tout y pourrit et qu'elle est presque inhabitable. »

Il y avait assurément quelque inexpérience des choses de la politique, — mais elle est touchante, — à penser que moins d'un mois après sa formation le nouveau cabinet n'aurait pas de soucis plus pressants que celui d'affaires aussi essentiellement locales.

Peu après, les déplorables journées de juin eurent leur écho parmi ces paisibles cultivateurs : sur le rapport du capitaine de la garde nationale, trois d'entre eux, trois frères, furent rayés par le Conseil des cadres de la compagnie « pour avoir refusé de marcher pour protéger les lois et les institutions du pays ». Ajoutons que, quatre ans plus tard, cette délibération fut annulée et rayée du registre, « les citoyens en question ayant acquis par leur bonne conduite l'estime de leurs chefs et l'oubli des fautes antérieures ».

Comme presque partout, le Coup d'État du 2 décembre fut accueilli à Villetaneuse avec un enthousiasme excessif ; le maire, Deulin, le même, pourtant, qui en 1848, déclarait se ranger sous la bannière républicaine, fit signer par son Conseil les adresses les plus humbles, les plus admiratives au Prince-Président. Peu après, il fut décoré.

Le 3o août 1870, le Conseil municipal, toujours aveugle, prêtait encore serment de fidélité à l'Empereur ; mais le 9 octobre suivant, il était forcé de fuir devant l'ennemi et de se réunir à Paris dans un local situé quai Jemmapes, 104. L'Administration ne se reconstitua à Villetaneuse que le 15 juin 1871.

L'occupation allemande n'y causa que des dégâts relativement faibles, et il n'y eut pas, à proprement parler, de combats sur le territoire de la commune, quelques escarmouches d'avant-postes, seulement. Toutefois, deux tombes militaires, dont il sera parlé plus loin, existent au cimetière communal comme un souvenir inoubliable de cette douloureuse époque ; par délibération du 7 août 1884, le Conseil ordonna l'établissement de deux pierres tumulaires portant des inscriptions où est distinguée la nationalité des hommes qui dorment là leur dernier sommeil.

La plus récente participation qu'ait prise la commune aux faits d'ordre général est de nature à l'honorer ; c'est, à la date du 24 octobre 1895, le vote d'un crédit de vingt francs pour le monument à élever à la gloire de Pasteur.

II. — MODIFICATIONS TERRITORIALES ET ADMINISTRATIVES

Lors de la création des municipalités, en 1790, Villetaneuse fut attribuée sans contestation au canton de Pierrefitte ; elle lui appartint jusqu'en l'an IX (1801), date de la réduction à huit des cantons de la Seine, qui étaient au nombre de seize. Villetaneuse fit alors partie du canton de Saint-Denis.

Quand l'Administration étudia, en 1891, une augmentation nouvelle du nombre de ces cantons, qui devait être élevé à vingt, la commune de Villetaneuse fut maintenue au canton de Saint-Denis, et son Conseil municipal émit, le 6 juillet 1891, un avis favorable à ce maintien ; mais, au dernier moment, le projet de loi subit un remaniement complet par la création du 21ᵉ canton, celui de Saint-Ouen. En conséquence, la loi du 12 avril 1893 fit de Saint-Denis un chef-lieu de canton avec commune unique, et Villetaneuse dépendit du canton nouveau d'Aubervilliers. A plusieurs reprises depuis, la commune a manifesté son désir de voir rétablir à son profit l'ancien ordre des choses.

C'est, de même, sans succès que, le 10 mars 1877, le Conseil municipal avait exprimé le vœu que la sous-préfecture de Saint-Denis fût conservée.

Quant aux limites de la commune, elles sont demeurées immuables. Celles qui la séparent de Montmagny, c'est-à-dire du département de Seine-et-Oise, furent définitivement fixées, le 9 septembre 1824, par des commissaires désignés par les deux communes ; il se réunirent, ce jour là, sur le chemin dit alors des Cinq Arpents (c'est maintenant le sentier du Poteau), limitrophe des deux localités, et d'un commun accord, y firent sceller cinq bornes limitatives, dont quatre furent fournies par Montmagny et une par Villetaneuse.

III. — ANNALES ADMINISTRATIVES. — LISTE
DES MAIRES.

La commune, nous l'avons dit, ne possède plus ses registres de délibérations antérieures à 1813 et la collection de ceux qui suivent, et qui est complète, ne nous a donné que fort peu à glaner.

Nous disposerons ces renseignements sous quelques rubriques générales.

Instruction. — Une délibération du 6 novembre 1841 fixe la rétribution scolaire mensuelle à 1 fr. 50 par élève; elle nous apprend, en outre, que l'école comptait alors 50 enfants dont 30 seulement la fréquentaient en été; sur ce nombre, 42 étaient élèves payants, 8 appartenaient à des familles indigentes. Le chiffre de la population scolaire est aujoud'hui de 73.

Par délibération du 28 janvier 1866, le Conseil est d'avis que la direction de l'école communale continue à être confiée à un instituteur laïc; c'est la réponse à une circulaire préfectorale du 20 janvier précédent, demandant aux communes si elles préféraient voir leurs écoles aux mains d'un instituteur laïc ou d'un membre d'une congrégation religieuse.

Le 29 mai 1870, il émet le vœu que la gratuité absolue des écoles soit obtenue d'urgence; c'est faute de moyens pécuniaires, est-il dit, que beaucoup d'enfants ne fréquentent pas l'école; d'ailleurs 15 élèves déjà, sur 40, y sont reçus gratuitement en vertu d'un arrêté pris par le Sous-Préfet le 30 novembre 1869.

La construction d'une école de filles n'a été décidée que le 24 mai 1890; jusque-là les enfants des deux sexes recevaient l'instruction dans une même salle, séparée par une cloison au rez-de-chaussée de la mairie. L'inauguration du nouveau bâtiment fut faite avec une certaine solennité, au mois de juin 1893 [1].

Chemins. — L'une des principales préoccupations du Conseil fut constamment de voir la commune reliée aux localités voisines,

---

1. La dépense qu'occasionna cette cérémonie est inscrite au registre des délibérations; elle fut de 680 francs, ainsi répartis : 600 francs pour le banquet; 60 francs pour les rafraichissements aux musiciens; 20 francs de gratification aux maçons qui ont achevé l'édifice.

Pierrefitte et Épinay, par des routes carrossables et directes. Le 10 mai 1844, il réclamait l'ouverture du chemin de grande communication n° 10 (aujourd'hui chemin 25), connu sous le nom de rue des Plâtrières, entre Villetaneuse et Pierrefitte ; sa longueur, dit la délibération, est de 730 mètres sur 8 de largeur, dont 570 mètres sont déjà classés et ouverts avec cette largeur ; il n'en reste donc plus que 160 à niveler et mettre en état de viabilité. Cette opération ne fut achevée qu'en 1861.

Mais c'est surtout le prolongement de ce chemin vers Épinay, que réclamait instamment le Conseil, afin d'être en rapport direct avec la gare d'Épinay. Il s'agit d'un travail de 1.200 mètres environ, que la commune n'a encore pu obtenir aujourd'hui par suite de difficultés pour la traversée, en Seine-et-Oise, du territoire de Montmagny, et qu'elle a demandé maintes fois, notamment le 19 août 1860, le 2 juin 1861, le 16 mai 1864, le 30 mai 1869, le 23 mars 1881, le 29 juillet 1884. Cette route, dit la délibération de 1861, « ouvrirait une ère de prospérité, de bien-être et d'agrandissement à la commune qui manque de communication de ce côté avec les autres communes et avec la capitale, et qui, pour ce motif, est restée jusqu'à ce jour dans une stagnation complète sous le rapport de l'agrandissement ».

Ne pouvant obtenir satisfaction, le Conseil votait en principe, le 23 mars 1881, l'ouverture d'une voie latérale à la ligne du chemin de fer de Grande-Ceinture entre Villetaneuse et Épinay et nommait une Commission pour s'entendre à ce sujet avec le syndicat des chemins de fer. Ce chemin n'a pas été non plus ouvert.

Chemins de fer. — Lors de la création, en 1846, de la ligne de Paris à Creil (par Pontoise) le Conseil prit, le 10 novembre 1847, une délibération où il faisait ressortir la difficulté pour les habitants de la commune de se rendre à l'une des deux stations de cette ligne, à Enghien ou à Saint-Denis, également distantes de Villetaneuse. Il exprimait donc le vœu qu'un débarcadère fût établi sur le territoire d'Épinay, au lieu dit le Pont de la Justice. Cette station n'a été créée qu'en 1850.

Le 4 février 1877, le maire annonça au Conseil que le tracé du chemin de fer de Grande-Ceinture allait être prochainement arrêté, et qu'il passerait au lieu-dit le Parc, traversant le chemin du Vert-Galant et celui du Temps-Perdu. Le vœu fut émis qu'une halte fût créée au croisement de l'un ou l'autre de ces chemins. On ne put l'obtenir qu'en 1890, après avoir voté, le 20 novembre 1889, un crédit de 500 francs pour supporter les deux tiers de cette dépense.

Éclairage. — Jusqu'à l'année 1864, les rues ne reçurent aucun éclairage. C'est alors (délibération du 4 septembre) qu'un crédit de 1.950 francs fut ouvert pour l'installation de réverbères à l'huile minérale. A plusieurs reprises, depuis, la municipalité a voulu substituer à ce système celui de l'éclairage au gaz (délibération du 10 janvier 1882 et du 7 novembre 1884). Mais elle l'a jusqu'ici ajourné.

Nous résumons enfin, dans l'ordre chronologique quelques délibérations d'un caractère isolé :

1816 (30 novembre). — « Les membres du Conseil, interprètes du vœu des habitants, déclarent qu'ils préfèrent payer leurs contributions ordinaires que d'être assujettis à payer les droits qui résulteraient de l'établissement de l'octroi de banlieue ».

1851 (23 février).— Délibération sur la nécessité d'un puits artésien. La commune est obligée de s'alimenter avec les eaux provenant de la Seine ou des puits artésiens de Saint-Denis, apportés par des porteurs intermittents et irréguliers ; elle n'a aucune source dont l'eau puisse prendre le savon, « ce qui oblige tous les habitants se trouvant forcés pour le lavage de leur linge d'aller aux rivières de la ville de Saint-Denis, ce qui devient bien disgracieux d'être obligé d'aller à 4 kilomètres du village pour subvenir à des besoins si urgents ». La dépense aurait été d'environ 10.000 francs ; la commune s'offrait à prendre à sa charge l'acquisition du terrain, soit environ 2.000 francs. Cette opération ne s'accomplit pas.

1860 (19 août).— Après mûr examen, le Conseil déclare « maintenir, pour les inhumations, l'usage du transport à bras des corps des décédés pour leur présentation à l'église et leur inhumation au cimetière, comme le seul obligatoire pour les familles des défunts ». La délibération contient des considérants pleins de philosophie et de justesse sur l'égalité devant la mort, la vanité humaine et le contraste pénible entre la pompe des chars funèbres et le transport à bras des corps des indigents.

1865 (26 mars). — Protestation contre l'établissement d'un canal de Paris à Pontoise, qui absorberait une partie du territoire de la commune, « déjà peu étendu, et insuffisant pour les besoins des cultivateurs qui sont obligés de chercher sur des territoires éloignés, des terres pour compléter leur culture ».

1885 (4 septembre). — Établissement d'une garde des récoltes jusqu'à la clôture des vendanges ; elle sera recrutée parmi les cultivateurs et fonctionnera à dater du lendemain. Elle se divisera en équipes de cinq hommes fournissant un service de 24 heures sous la direction d'un conseiller pris dans l'ordre du tableau, et auquel s'adjoindra le garde-champêtre.

MAIRES DE VILLETANEUSE

CONTY, Jean-Pierre. Agent municipal, 1795.

BORDIER, Jean-Michel. Agent municipal, 1799.

CONTY, Jean-Pierre. Maire, 1800.

BORDIER, Jean-Michel. Mentionné en 1808.

MORIGNY, Pierre. Nommé maire par arrêté préfectoral du 9 décembre 1813.

DEULIN, Louis-Antoine-Alexis. 1821-1854. Démissionnaire. (1)

DAUNARD, Louis-Hippolyte. 3 août 1854-1859.

MOREL, Nicolas-Auguste. 7 décembre 1859-1869. Démissionnaire.

GRIVELLÉ, Louis-Jacques-Antoine. Nommé par décret du 23 mars 1869. Élu le 8 octobre 1876. Réélu les 21 janvier 1878 et 18 septembre 1880.

GIRARD, Joseph. 22 janvier 1881-1883.

LÉCUYER, Auguste. 18 mars 1883-1884.

CHENAUD, Édouard. 17 mai 1884-1886. (2)

BERTHE, Alexandre. 20 mai 1888-1889.

BERLAN, François. 17 août 1889-1891.

FAMIN, Jules-Eugène. 24 juin 1891-1892 (3).

BERLAN, François. 15 mai 1892. Réélu le 16 mai 1896, et à la suite d'un premier refus, le 3 juin 1896.

1. M. Deulin mourut en 1863. Par délibération du 5 avril 1863, le Conseil municipal vota pour sa sépulture une concession à perpétuité au cimetière.

2. A la suite de mauvaises spéculations commerciales, M. Chenaud disparut de la commune au commencement de novembre 1886 « sans prévenir le Conseil, et depuis cette époque il n'a fait connaître ni son nouveau domicile, ni ses intentions au sujet du mandat qui lui a été confié ». C'est en ces termes qu'à la séance du 6 mai 1887, un Conseiller signalait au Conseil la situation insolite de l'administration municipale. Le maire absent fut considéré comme démissionnaire jusqu'aux élections générales.

3. L'élection de la municipalité avait eu lieu le 24 mai ; mais, après trois tours de scrutin sans résultat, elle fut ajournée au 3, puis au 24 juin, « tous les conseillers, consultés individuellement ayant déclaré formellement qu'ils n'acceptaient pas les fonctions de maire, et qu'il était inutile de continuer les élections.

IV. — MONUMENTS ET ÉDIFICES PUBLICS.

Mairie. — Les documents qui étaient à notre disposition ne nous ont pas fait connaître l'emplacement de la première mairie de Villetaneuse; peut-être même n'y en eut-il pas tout d'abord et les services municipaux s'effectuèrent-ils, comme dans d'autres communes, soit au domicile des maires, soit dans un local qui n'avait pas de caractère officiel; c'est ce qui semble résulter d'une délibération prise par le Conseil, le 5 novembre 1835, à l'effet d'acquérir un « jardin » situé au centre de la commune, faisant face sur deux rues, pour y édifier une école primaire, une mairie et un corps de garde, « vu que la commune ne possède aucune de ces localités », — *localités* signifiant locaux. Cette proposition fut suivie d'effet; à la séance du 3 avril suivant, le maire déposa les plans dressés par l'architecte Lequeux pour la construction de ces bâtiments; le devis atteignait 15.540 francs, non compris les frais d'acquisition du terrain. L'affaire en resta là pendant un an; le 9 avril 1837, un nouveau devis présenté par le maire ne s'élevait plus qu'à 15.120 francs, mais le Conseil décida qu'il serait fait appel aux autorités supérieures, « la malheureuse situation de la commune ne lui permettant pas cette dépense ». Un nouveau devis, toujours préparé par Lequeux, fut mis en adjudication, le 31 mars 1838, pour une somme totale de 14.650 francs; le sieur Poirié, entrepreneur de maçonnerie à Épinay, fut déclaré adjudicataire à la suite d'un rabais de 808 fr. 75.

Église. — L'église actuelle de Villetaneuse, de construction fort simple, n'a qu'une quarantaine d'années d'existence. Sur celles qui l'ont précédée depuis le XIe ou le XIIe siècle, nous n'avons de renseignements qu'au sujet de la dernière; elle avait dû être bâtie dans la première moitié du XVIIIe siècle. L'abbé Lebeuf qui la décrit, dit, en effet, qu'elle n'a rien d'ancien dans sa structure, que c'est une simple chapelle, couverte d'un lambris peint disposé en forme de voûte et qu'elle est appuyée d'une petite tour. Son patron, saint Liphard y était représenté en abbé, vêtu de blanc, avec un dragon ou un serpent à ses pieds. L'édifice s'élevait en face du château, à côté du cimetière, suivant l'usage constant d'autrefois, et par conséquent, assez loin du centre de l'agglomération.

En 1835, il fut même question de le supprimer, mais le Conseil s'y opposa par une énergique délibération prise le 30 mars : « Considérant que l'église de Villetaneuse est une des plus anciennes du canton, et que, depuis des siècles, elle n'a jamais cessé d'être desservie par des curés catholiques latins qu'elle a su conserver pendant les orages de la Révolution, et a toujours été privilégiée pour cette cause, est d'avis à l'unanimité que la commune ne soit jamais réunie à d'autres, vu qu'elle s'offre à faire des sacrifices pour faire vivre honorablement un desservant ».

L'incommodité de sa situation lointaine et son état de délabrement rendaient de plus en plus urgente une mesure radicale; déjà en 1848, dans son Adresse au Gouvernement de février, la commune en avait indiqué la nécessité. A la séance du 20 mai 1850, le maire exposa de nouveau au Conseil que « l'église est insuffisante, insalubre et en très mauvais état, située dans un endroit isolé et marécageux, presqu'à un kilomètre de la commune », et qu'il était indispensable de la reconstruire. Le Conseil se rangea à cet avis et manifesta ses préférences au point de vue de l'emplacement, pour la propriété du sieur Perrin (Alexandre) sise à l'intersection des deux routes qui vont rejoindre celle de Montmorency, l'une au Vert-Galant, l'autre au Temps-Perdu.

Cet emplacement fut, en effet, adopté, mais plusieurs années seulement après, et à la suite de beaucoup de tâtonnements pour l'adoption d'un devis qui paraissait toujours trop élevé. Un décret du 27 juin 1855 autorisa enfin la commune : 1º à acquérir de la dame veuve Perrin, née Fauveau, et du sieur Miller (François), moyennant 8.400 francs, le terrain et les bâtiments où seraient élevés la nouvelle église, et ultérieurement un presbytère; 2º à aliéner aux enchères publiques, sur la mise à prix de 11.200 francs, le presbytère actuel et les matériaux de l'ancienne église.

Les travaux de construction durèrent trois ans; finalement, le compte total de la dépense, montant à 54.170 fr. 46, fut approuvé le 17 octobre 1858.

Croix. — Les croix ou calvaires élevés au bord des voies publiques tendent de plus en plus à disparaître, soit par l'effet du temps, soit par la volonté des administrations locales; il existe encore sur le territoire de Villetaneuse deux de ces monuments symboliques : la Croix des Ormes et la Croix du Poteau.

Voici une délibération, du 16 février 1862, qui concerne la première :

M. le Maire fait connaître au Conseil que la croix en bois appelée la Croix des Ormes, placée à l'angle des routes départementales d'Enghien et de Villetaneuse, [1] s'est brisée en tombant par suite de la rupture du socle qui la soutenait, et invite le Conseil à délibérer sur les moyens de rééditier cette croix, qui date de temps immémorial.

Le Conseil, après en avoir délibéré :

Décide que la croix dite la Croix des Ormes sera réédifiée et sera en fonte ;

Dit que les dépenses qu'occasionnera cette modification seront portées au budget supplémentaire de cette année.

L'Archevêque de Paris consacra cette restauration, le 7 septembre 1862, et l'inscription suivante, que l'on peut lire encore aujourd'hui sur le socle de la croix, fut gravée :

RÉÉDIFIÉE

PAR LE CONSEIL MUNICIPAL

AVEC LE CONCOURS DES HABITANTS

DE VILLETANEUSE.

BÉNIE PAR SON ÉMINENCE

LE CARDINAL MORLOT

ARCHEVÊQUE DE PARIS

LE 7 SEPTEMBRE 1862.

Une délibération du 16 mai 1864 nous renseigne sur les circonstances de cette cérémonie ; le maire dut faire faire d'urgence un piédestal, cinq jours avant la venue de l'archevêque, et sans avoir pu consulter le Conseil, car on avait espéré jusqu'au dernier moment que l'ancien socle pourrait être conservé. La délibération a pour objet de ratifier cette dépense, qui s'éleva à 586 fr. 47 centimes.

La Croix du Poteau est située à l'extrémité nord de la commune, à droite de la route de Montmagny, au lieu-dit le Poteau. Par délibération du 29 juillet 1884, le Conseil décida sa réédification en utilisant pour le nouveau monument le Christ de l'ancien. Un crédit de 150 francs fut voté. Le socle ne porte aucune inscription.

Château. — L'on n'a que fort peu de détails sur l'ancien château de Villetaneuse, et la date de sa construction, comme celle de sa destruction, sont également inconnues. L'abbé Lebeuf le vit au siècle dernier : « Le château, accompagné de deux

---

1. Au carrefour du Vert Galant, intersection de la route départementale n° 11 bis et du chemin de grande communication n° 24.

pavillons, était environné de fossés à fonds de cuve, revêtus de pierre, et pleins d'eau ; le parc clos de murs dans lesquels il y a un taillis et de la haute futaye, laquelle a été coupée depuis, plus 277 arpens de terre, prés et vignes, tant sur le territoire de Villetaneuse que sur celui de Pierrefitte. Il paraît que la source qui remplit les fossés de ce château est dans les fossés mêmes. Cette source s'écoule ensuite dans la rivière de Crould *(sic)*, un peu avant que celle-ci se jette dans la Seine ».

C'est là tout ce que l'on en sait. Sur le plan des Environs de Paris gravé par Maire en 1825, se lit cette mention : « Il ne reste plus du château que le grand parc ».

Le domaine fut plus tard morcelé, car il s'étendait au delà de la ligne actuelle du chemin de fer de Grande-Ceinture. Nous avons retrouvé les noms de quelques-uns de ses propriétaires ; en 1818, Jean-Baptiste Le Sage ; en 1844, M. Marie-Pierre-Jean-François Lhommedieu du Tranchant de Lignerolles et Mme Agathe-Hippolyte d'Orival de Creil, sa femme, — le premier l'ayant acquis, le 19 juillet 1821, de M. Étienne-Germain Jugé et de Marie-Louise-Victoire Debout, sa femme, — le vendirent à M. et Mme Lestrade.

Dans ces dernières années, en 1883, l'ancien enclos du château, qui est resté entouré des fossés qu'avait décrits Lebeuf, devint le siège d'une blanchisserie, dite Blanchisserie du Château de Villetaneuse. Le Conseil municipal protesta, à la date du 10 novembre 1885, contre les inconvénients qui pouvaient résulter, au point de vue de la salubrité, des eaux de lessive, chargées d'ingrédients divers, déversées dans le rû du Rouillon par cette « buanderie » et réclama l'assainissement du rû, depuis ce point jusqu'à la limite du territoire.

Depuis, la blanchisserie a cessé son exploitation, mais les bâtiments qu'elle a édifiés vouent désormais l'ancien château de Villetaneuse à des entreprises industrielles.

BIBLIOGRAPHIE

L'abbé Lebeuf, *Histoire de la ville et du diocèse de Paris,* tome I, pages 589-593 de la réimpression de 1883.

Fernand Bournon

RENSEIGNEMENTS
ADMINISTRATIFS

I. — TOPOGRAPHIE, DÉMOGRAPHIE ET FINANCES

---

§ I. — TERRITOIRE ET DOMAINE

A. — TERRITOIRE

Nom. — Villetaneuse.

Dénomination des habitants. — Il n'y a pas d'appellation officielle pour désigner les habitants ; l'usage tend à s'établir de les nommer « Villetaneusiens ».

Armoiries. — Néant.

Limites du territoire. — La commune de Villetaneuse est bornée :

Au Nord, par Montmagny (Seine-et-Oise) ;

A l'Est, par Pierrefitte et Saint-Denis ;

Au Sud, par Epinay ;

A l'Ouest, par Montmagny (Seine-et-Oise) ;

Quartiers, hameaux, écarts. — En dehors de l'agglomération principale, qui se trouve au nord de la commune, il y a lieu de signaler deux écarts ; le premier, le Temps-Perdu, est un groupe d'une dizaine de maisons situées au sud-ouest de la commune, de chaque côté de la route départementale 11 *bis*, de Saint-Denis à Enghien; la route formant limite entre Villetaneuse et Epinay, les maisons placées en deça ne font plus partie de Villetaneuse.

L'origine de la dénomination du « Temps Perdu » n'est pas connue de façon certaine; on sait seulement qu'elle est fort ancienne et tirerait son existence d'une plaisanterie locale.

Celle du « Vert Galant », qui est le nom de l'autre écart, paraît remonter au temps de Henri IV et viendrait d'une maison de plaisance où le roi serait venu se distraire et chasser.

La composition de ce hameau est encore moins importante que celle du Temps Perdu. Il est formé en grande partie par une propriété boisée.

Lieux dits. — Les Neuf Arpents, les Moucherons, Sous le Jardin, les Roses, les Grillons, les Buttes, les Moutonnes, les Garennes, les Eminences, les Chats Luisets, le Parc, le Haut du Parc, Derrière le Clos, le Bas du Parc, le Champ de Mars, les Quinze Arpents, les Alluets, les Quarante Arpents, Derrière la Fontaine, Derrière la Futaie, le Temps Perdu, le Vert Galant, le Bas du Rullion, le Buisson de la Maladrerie, le Rullion.

Superficie de la commune. — La superficie actuelle du territoire est de 300 hectares, dont :

Propriétés bâties	5 h. 26 a. 96 c.
Propriétés non bâties . . .	294 h. 73 a. 04 c.
Total égal	300 h. » a. » c.

Arrondissement. — Saint-Denis.

Canton. — Aubervilliers [1].

Circonscription électorale législative. — Deuxième circonscription de l'arrondissement de Saint-Denis.

Sectionnement électoral. — Pas de sectionnement.

Bureau de vote. — Un seul bureau de vote, à la Mairie.

---

1. La commune est en instance pour réclamer son classement dans le canton de Saint-Denis. Sa demande, fondée sur la distance qui la sépare actuellement de son chef-lieu de canton, a déjà fait l'objet d'une réclamation analogue en février 1888.

Circonscription judiciaire. — Justice de paix de Saint-Denis.

Circonscription de commissariat. — Commissariat de police de Saint-Denis (Nord).

Orographie. — Point le plus haut au-dessus du niveau de la mer : 80ᵐ (au lieu dit « les Grillons », au nord de la commune, près de Montmagny).

Point le plus bas : 35ᵐ (toute la partie sud-ouest de la commune vers Epinay).

Hydrographie. — Le ru d'Arra prend sa source dans le département de Seine-et-Oise et va se jeter dans le ru d'Enghien ; son parcours sur le territoire de la commune est de 1.060 mètres.

Le ru de Villetaneuse commence à l'étang de Villetaneuse et se jette dans la rivière du Rouillon, sur le territoire de Saint-Denis, après avoir parcouru 1.100 mètres sur le territoire de Villetaneuse.

DÉSIGNATION des COURS D'EAU	LOCALITÉS du département situées SUR LES COURS D'EAU	LIMITES dans le département DES COURS D'EAU ou de leurs sections		LONGUEURS comprises dans le DÉPARTEMENT		LARGEUR MOYENNE des cours d'eau ou de leurs sections	PENTE TOTALE par cours d'eau ou par section	SURFACE DU VERSANT de chaque cours d'eau dans le DÉPARTEMENT
		A L'AVAL	A L'AMONT	PAR SECTION	PAR COURS D'EAU			
				mèt.	mèt.	mèt.	mèt.	mèt.
Ru d'Arra.	Villetaneuse, Epinay	Ru d'Enghien	Dépt de Seine-Oise	2.000	2.000	1 »	11,80	78
Ru de Villetaneuse...	St-Denis, Villetaneuse	Rivière du Rouillon ...	Étang de Villetaneuse	2.150	2.150	1,50	12,20	212

DÉSIGNATION des COURS D'EAU	VOLUME PAR SECONDE		
	DES EAUX ORDINAIRES	DES EAUX D'ÉTIAGE	DES GRANDES EAUX
	mèt. cub.	mèt. cub.	mèt. cub.
Ru d'Arra.....................	0.010	0.008	0.020
Ru de Villetaneuse..............	0.010	0.009	0.018

B. — DOMAINE

Mairie. — La mairie, bâtiment à trois fenêtres de façade, d'aspect très simple, est située rue de Paris, à l'angle de la rue de Pierrefitte.

Le terrain, sur lequel l'édifice a été bâti, est d'une contenance de 2 ares 07.

Sa construction, en 1838, a coûté 18.416 fr. 64, dont 900 francs pour le terrain.

La mairie comprend, au rez-de-chaussée, l'école des garçons, qui était école mixte avant la construction de l'école de filles.

Au 1er étage : le cabinet du maire, la salle des séances du Conseil municipal qui sert également de salle des mariages, la bibliothèque municipale et les archives.

Écoles. — L'école des garçons est située, comme il est dit plus haut, au rez-de-chaussée de la mairie. Son prix de revient ne peut être évalué distinctement et se confond avec celui de la mairie.

L'école des filles est située rue de Pierrefitte, à côté de la mairie ; sa construction, en 1893, a atteint la somme de 25.207 fr. 48.

Le terrain occupé est d'une superficie de 4 ares.

Le rez-de-chaussée est occupé par des classes, très vastes, très hautes, très aérées. Au premier étage sont deux logements pour le directeur et la directrice de chacune des écoles.

Église. — L'église, sous le vocable de Saint Liphard, est située à l'angle de la rue de Paris (chemin vicinal de grande communication n° 24) et du Chemin Vert (vicinal n° 2).

Elle a été construite, en 1857, d'après les plans de M. Deulin, architecte, sur un terrain de 1 are 85 centiares.

Elle appartient à la commune.

Temple, Synagogue. — Néant.

Presbytère. — Le presbytère est situé rue de Paris, à côté de l'église, dont il est indépendant. Il a été construit en 1856 et a coûté 9.450 francs ; sa contenance, en y comprenant le jardin, très vaste, est de 26 ares.

Cimetière. — Le cimetière qui, autrefois, était très proche de l'église, se trouve avenue de Saint-Denis (chemin vicinal de grande communication n° 24).

Il n'est pas en bordure de la route à laquelle le réunit un petit chemin.

Le terrain a été donné, pour la plus grande partie, en 1783, par la famille Lesage, propriétaire du château, à l'époque, à condition d'y avoir une sépulture perpétuelle.

En 1848, le 3 septembre, une petite partie (38mc 46) a été donnée par la famille Lécuyer, aux mêmes conditions. A ce moment, par suite de cet agrandissement, la réparation des anciens murs et la construction des nouveaux ont été évalués à 1.600 francs.

Le terrain a une superficie de 4 ares 34 centiares.

Son agrandissement, en 1870, a été l'objet d'une dépense de 600 francs.

Il est clos de murs.

Il existe, depuis 1876, un caveau dépositoire, dont l'ouverture a donné lieu à une dépense de 1.380 fr. 45.

Tombes militaires. — Au fond du cimetière, à droite, se trouvent deux tombes militaires contenant, l'une, les restes de 5 soldats français, l'autre, les corps de 3 soldats allemands.

Les terrains ont chacun 2 mètres de superficie et sont entourés d'une grille en fer.

Les inscriptions gravées sont :

1870-1871

SOLDATS FRANÇAIS MORTS POUR LA PATRIE

SOLDATS PRUSSIENS MORTS EN 1870-71

Morgue. — Néant.

Hospice. — Néant.

Hôpital. — Néant.

Crèche. — Néant.

Dispensaire. — Néant.

Fourneau économique. — Néant.

Théâtre. — Néant.

Abattoir. — Pas d'abattoir public, mais 3 tueries particulières chez 2 charcutiers et un boucher de la localité.

Fourrière. — Néant

Terrains communaux. — La commune possède 5 ares 62 centiares de terrains cultivables aux lieux dits « les Roses » et « les Neuf Arpents. »

Ces terrains sont à vendre.

Fort. — Néant.

§ II. — DÉMOGRAPHIE

A. POPULATION

Les dénombrements faits depuis 1801 donnent les résultats suivants :

1801.	277 [1]
1817.	313
1831.	374
1836.	378
1841.	387
1846.	338
1851.	365
1856.	366
1861.	489
1866.	567
1872.	490
1876.	450
1881.	536
1886.	562
1891.	715
1896.	643

Le chiffre de la population de la commune a donc presque triplé depuis le commencement du siècle.

Les tableaux dressés à la suite du dernier recensement contiennent les renseignements suivants:

Population *résidente* : 643.

Résidents présents	636	
— absents.	7	643 habitants.
Population comptée à part	»	

1. Un siècle auparavant, en 1709, lors du dénombrement des paroisses de la Généralité de Paris, la population de Villetaneuse ne comprenait que 35 feux. *(Appendice (p. 424) au Mémoire de la Généralité de Paris pour l'instruction du duc de Bourgogne*, publié, dans la collection des documents inédits de l'histoire de France, par M. de Boislisle).

La population *recensée comme présente* le 29 mars 1896, se décompose ainsi :

	ENFANTS ou célibataires	MARIÉS	VEUFS	DIVORCÉS	TOTAL
Hommes...............	257	149	18	1	425
Femmes	128	136	50	1	315
	385	285	68	2	740

La population de Villetaneuse, au point de vue de la provenance, se divise ainsi :

17/23es d'habitants venus de divers points de la France ;
5/23es d'habitants nés à Villetaneuse ;
1/23e d'Alsaciens et d'étrangers ;

Le classement de cette population par nationalité est résumé dans le tableau suivant :

		HOMMES	FEMMES	TOTAL
Français	Nés de parents français.............	393	301	694
	Naturalisés......................	10	4	14
Étrangers	Allemands......................	3	1	4
	Belges.........................	17	8	25
	Italien	1	»	1
	Russe..........................	»	1	1
	Suisse........	1	»	1
		425	315	740

Les départements de la France qui fournissent à la commune le plus fort contingent sont :

Seine (non compris Villetaneuse) . . . . 110 habitants
Seine-et-Oise. 78 —
Somme . . . . 37 —
Yonne. . . . . 35 —
Oise . . . . 30 —
Pas-de-Calais . . . . 25 —

En résumé, la population de Villetaneuse est ainsi répartie d'après le lieu de naissance :

Français . . . . 708 dont . . . . 172 nés dans la commune.
Étrangers. . . . 32 dont . . . . 1 —
Soit un total de. . 740 habitants, dont 173 nés dans la commune.

Dans l'année 1895, l'état civil a enregistré :

15 naissances;
12 décès;
8 mariages;
o divorces.

B. — HABITATIONS

Nombre de maisons : 91.

Habitations composées d'un rez-de-chaussée 14
—   d'un étage 63
—   de deux étages 13
—   de trois étages ou plus 1
                                  Total. 91
dont . . . . 87 occupées.
et. . . . . 4 vacantes.
Nombres de logements : 188, occupés par . . . 31 isolés.
                              et . . . . 157 familles.
2 ateliers.
9 magasins ou boutiques.

C. — DIVERS

Électeurs inscrits en 1896. — 150.

Recrutement. — 5 conscrits ont tiré au sort en 1896.

Chevaux. — 81 chevaux, appartenant à 76 propriétaires :

Chevaux entiers . . 30 dont 1 au-déssous de 6 ans et 29 au-dessus.
Chevaux hongres. . 36 dont 1 — 35 —
Juments. . . . . . . 14 dont 1 — 13 —
Totaux . . . . . . 80 — 3 — 77 —

Voitures. — 62 voitures, appartenant à 46 propriétaires :

55 à 2 roues, attelées de 1 cheval
6 — — de 2 chevaux
1 à 4 roues, attelée de 1 cheval
o — — de 2 chevaux
Total. . . 62

§ III. — FINANCES

A. — CONTRIBUTIONS

Principal des contributions directes en 1896 :

Contribution foncière . . . .   3.350 »
       —   personnelle et mobilière. . . . .   1.516 »
       —   des portes et fenêtres . . . . . .   927 »
       —   des patentes 1.476,98
                                Total 7.269,98

Perception des contributions.— La commune dépend de la perception de Saint-Denis. Le percepteur de cette circonscription se rend à la mairie de Villetaneuse le 2e jeudi de chaque mois, de 11 heures à 3 heures.

B. — OCTROI

Pas d'octroi dans la commune.

C. — FINANCES COMMUNALES

Recettes ordinaires d'après le compte de 1895.   17.682,25
    —   extraordinaires   —   —   .   14.100,06
                                   Total. . . . .   31.782,31 [1]

Dépenses ordinaires d'après le compte de 1895.   18.557,36 [2]
    —   extraordinaires   —   —   .   25.417,02 [2]
                                   Total. . . . .   43.974,38 [3]

Les dépenses ordinaires se répartissent ainsi entre les principaux services :

1. Ces recettes constituent les ressources normales de la commune.
2. Non compris les restes à payer devant figurer au compte administratif de l'année suivante.
3. Ce total représente les dépenses normales de la commune.

1° Administration et police 3.732,84
2° Voirie. 6.013,74
3° Bienfaisance. . . . . 534 »
4° Enseignement. 2.090,95
5° Dépenses diverses 3.928,38

Emprunts. — 2 emprunts :

L'un, de 18.500 francs à la caisse des chemins vicinaux, pour création et entretien de chemins vicinaux, remboursable dans un délai de 30 années, à partir du 15 mars 1887. (Décret du 24 février 1886).

L'autre, de 14.442 francs pour la création d'une école de filles, remboursable dans un délai de 30 années, à partir du 25 février 1893. (Décret du 25 décembre 1892).

Secours. — La commune a reçu, à différentes reprises, depuis 1890, des secours pour l'exécution des travaux énumérés ci-après :
Année 1893. — Agrandissement de la remise des pompes et achèvement du pavage de la ruelle des Marais : 960 francs.
Année 1894. — Construction d'un abreuvoir : 509 fr. 70.

Valeur du centime en 1896. — 72 fr. 70.

Nombre de centimes. — 140 centimes, dont 19 extraordinaires, non compris les 3 centimes pour frais de perception des impositions communales.

Charges par habitant. — 20 fr. 23.

Receveur municipal. — Le percepteur des contributions de Saint-Denis remplit les fonctions de receveur municipal de la commune de Villetaneuse.
Il reçoit à cet effet, un traitement de 707 francs.

II. — SERVICES PUBLICS

§ I. — BIENFAISANCE

Bureau de Bienfaisance. — Cet établissement charitable distribue aux indigents des secours en nature : pain, viande et combustible et leur fait donner, en cas de maladie, les soins nécessaires.

Onze familles, représentant 29 individus, sont inscrites au Bureau de bienfaisance.

En outre, le Bureau distribue, chaque hiver, des secours à des indigents non inscrits.

Un médecin de Pierrefitte, payé 60 francs par an par la commune, soigne gratuitement les indigents malades.

Une sage-femme reçoit une indemnité annuelle de 30 francs.

D'après la dernière situation financière, les recettes du Bureau se sont élevées à 1.235 fr. 49, et les dépenses à 786 fr. 10.

Les revenus de l'établissement ne dépassant pas 30.000 francs, c'est le receveur municipal qui est, de droit, trésorier du Bureau ; il reçoit, à cet effet, une indemnité annuelle de 14 francs.

Hospice. — Néant.

Hôpital. — Néant.

Traitement des malades dans les hôpitaux de Paris. — Les malades de la commune sont envoyés en traitement dans les hôpitaux de Paris.

Conformément aux délibérations du Conseil général, du 3 avril 1890, et du Conseil municipal, du 16 août 1890, la commune paye un abonnement basé sur le nombre moyen des journées de traitement des trois années précédentes, à raison d'un franc par jour et par malade.

La somme payée pour l'année 1895 a été de 172 francs.

Assistance à domicile.— Par délibérations en date des 18 décembre 1895 et 26 avril 1896, le Conseil général a fait inscrire au budget départemental une somme annuelle de 50.000 francs, destinée à subvenir à l'assistance à domicile des vieillards, indigents, infirmes et incurables. La part contributive du département sera déterminée par l'Administration et devra correspondre au tiers de l'allocation municipale qui, d'ailleurs, est facultative.

Les conditions d'âge sont 65 ans pour les indigents valides; elles ne sont pas applicables aux infirmes et incurables. Il faut, en outre, avoir séjourné depuis 10 ans à Paris ou dans une commune du département.

En 1896, aucune disposition n'a été prise par la commune.

Aliénés. — La commune n'a eu à subvenir ni en 1895, ni en 1896, aux dépenses d'aliénés ayant leur domicile de secours à Villetaneuse.

Les proportions pour lesquelles les communes du département de la Seine doivent contribuer aux dépenses des aliénés ont été fixées par délibération du Conseil général, en date du 27 décembre 1886, à 20, 25, 30, 35 et 49 °/₀ sur la dépense totale, suivant le revenu de la commune.

Villetaneuse contribue pour 30 °/₀ à la dépense faite par les aliénés qui sont à sa charge.

Enfants assistés. — L'hospice des Enfants Assistés par le département de la Seine est situé à Paris, rue Denfert-Rochereau, nᵒˢ 72 et 74. La part afférente à la commune pour 1895 a été de 223 fr. 96.

Enfants moralement abandonnés. — Le contingent à fournir par la commune dans la répartition des dépenses, pendant l'année 1896, s'est élevé à 30 francs.

Protection des enfants du 1ᵉʳ âge. — En 1895, les déclarations faites par les parents, conformément à l'article 7 de la loi du 23 décembre 1874, se résument ainsi qu'il suit:

	AU SEIN	AU BIBERON	TOTAUX
Nombre d'enfants de Villetaneuse mis en nourrice dans le département de la Seine (hors Paris)	»	1	1
Nombre d'enfants mis en nourrice hors du département de la Seine	»	5	5
	»	6	6

Il n'y a pas eu de déclarations d'élevage faites par des nourrices de la localité.

Crèche. — Néant.

Dispensaire. — Néant.

Fourneau économique. — Néant.

Secours aux familles des réservistes. — Un crédit de 100 francs a été inscrit au budget de 1896, pour être distribué aux familles nécessiteuses des soldats de la réserve et de l'armée territoriale.

Propagation de la vaccine. — Les enfants sont vaccinés, à leur naissance, par le médecin de Pierrefitte.

De plus, en exécution des prescriptions d'une circulaire préfectorale du 14 février 1894, les enfants des écoles publiques sont vaccinés et revaccinés aux frais du Département, par les soins de l'Institut de vaccine animale, rue Ballu, n° 8, à Paris.

M. Chambon et le Dr Saint-Yves Ménard, membres de cet Institut, ont opéré, le 14 octobre 1895, la vaccination et la revaccination des habitants de Villetaneuse qui l'ont demandée.

Il y a eu 31 revaccinations et 7 vaccinations.

Caisse des Écoles. — Conformément aux dispositions de l'article 15 de la loi du 10 avril 1867, une caisse des écoles a été créée à Villetaneuse au mois d'août 1881.

Elle a reçu, en 1895, une subvention de 50 francs du Conseil général et une de 50 francs du Conseil municipal.

Situation de la Caisse des Écoles en 1895 :

Dépenses

Vêtements et chaussures.	270,75
Dépenses diverses	291,95
Total	562 70

Recettes

Montant des cotisations	15 »
Subvention départementale	50 »
Subvention communale	50 »
Dons divers	56,25
Excédent de recettes antérieures.	388,20
Total.	559 45

D'où un excédent de dépenses de 3 fr. 25.

Il n'y a pas de cantine scolaire.

Bureau municipal de placemeent gratuit. — Néant.

Société de Secours mutuels. — Une Société de Secours mutuels, dite « Société de Saint-Louis », a été fondée, le 26 mars 1852, pour les habitants de la commune de Villetaneuse ; elle fut étendue, en 1853, aux communes de Pierrefitte, Stains et Épinay.

Les cotisations sont ainsi fixées :

Membres participants, hommes .... 21 francs par an
     —   —   femmes................ 18   —
Membres honoraires, minimum 10   —

La commune lui accorde une subvention annuelle de 12 francs.

§ II. — ENSEIGNEMENT

École de garçons. — Cette école comprend une seule classe et est fréquentée par 38 élèves.

Elle a à sa tête un directeur.

École de filles. — Cette école comprend une seule classe et est fréquentée par 35 élèves.

Elle a à sa tête une directrice.

L'instituteur et l'institutrice ont reçu, en 1895, une indemnité facultative de 500 francs.

Les classes d'adultes ont fait l'objet d'une dépense de 100 francs.

Les classes de vacances ont donné lieu à une subvention de 100 francs.

École maternelle. — Néant.

Enseignement du chant, du dessin et de la gymnastique. — Le chant, le dessin et la gymnastique sont enseignés par l'instituteur, dans les limites du programme.

Il n'y a pas de crédits spéciaux pour cet enseignement.

Admission dans les écoles primaires supérieures et profession-nelles de la ville de Paris. — Il n'y a pas eu d'élève des écoles de Villetaneuse reçu dans les écoles primaires supérieures et professionnelles de la Ville de Paris, pour l'année scolaire 1896-97.

Dons et legs faits aux écoles. — Néant.

Bibliothèque scolaire. — Il y a une bibliothèque scolaire pour les deux écoles. Elle est composée de 265 volumes.

Des prêts sont faits aux enfants des écoles et à leurs familles.

Association philotechnique. — Néant.

§ III. — VOIRIE

La longueur des voies de communication qui sillonnent le territoire de la commune est de :

1 route nationale	50	mètres
1 route départementale	1.353	—
2 chemins vicinaux de grande communication	3.050	—
3 chemins vicinaux ordinaires	2.671	—
20 chemins ruraux	8.451	—
Voirie urbaine (il n'y a pas de rues proprement dites n'appartenant pas à une des classifications ci-dessus)	»	—
Total	15.575	—

Route nationale. — La route nationale *n° 14, de Paris au Havre,* ne traverse la commune de Villetaneuse que sur une longueur de 50 mètres; dans cette partie, la chaussée a une largeur de 8 mètres. Le pavage qui a été exécuté l'année dernière, en supprimant les bandes empierrées, est en bon état.

Les accotements sont plantés d'une rangée d'arbres de chaque côté.

Route départementale. — La route départementale *n° 11 bis, de Saint-Denis à Enghien* (anciennement n° 16, de Saint-Denis à Montmorency) prend naissance à la route nationale *n° 14,* sur le territoire de Villetaneuse, près du fort de la Briche, et va jusqu'à la limite du département de la Seine, se prolongeant vers Enghien, dans le département de Seine-et-Oise.

La chaussée, entièrement pavée, a 6 mètres de largeur entre bordures. Les trottoirs sont en terre et ont chacun une largeur de 6 mètres ; ils sont plantés des deux côtés d'une ligne de frênes.

La longueur, sur le territoire de Villetaneuse, est de 1.353 mètres.

Chemins vicinaux de grande communication. — Le chemin de grande communication *n° 24* (ancien 9), *de Saint-Denis à Villetaneuse,* part de la route départementale n° 11 bis, près du hameau « Le Vert Galant », se trouve en entier sur la commune de Villetaneuse et se termine à la limite des départements de la Seine et de Seine-et-Oise.

Il est pavé sur toute sa longueur, qui est de 2.200 mètres, et est en bon état. Les trottoirs sont pourvus de plantations d'essences diverses, sauf dans la traversée du bourg même de Villetaneuse.

Entre la route départementale 11 bis, et le chemin du Lavoir, ou l'ancien château (route de Saint-Denis), la largeur de la voie est de 12 mètres, dont 6 mètres de chaussée et 3 mètres de trottoirs de chaque côté. Entre l'ancien château et l'église de Villetaneuse, cette largeur est de 15 mètres, dont 6 mètres de chaussée avec trottoirs de $4^m,50$ chacun. Le chemin de fer de Grande-Ceinture est franchi à niveau, auprès de la « Halte de Villetaneuse ». Dans la traverse (*rue de Paris*) la chaussée n'a plus que 5 mètres de largeur et des trottoirs de largeurs variables. Enfin, au delà du village, la voie vicinale reprend une largeur régulière de 12 mètres, dont 6 mètres de chaussée et 6 mètres de trottoirs.

Le chemin vicinal de grande communication *n° 25* (ancien 10), *de Villetaneuse à Pierrefitte*, commence au ru d'Arra, limite des deux départements de la Seine et de Seine-et-Oise, et forme, en ce point, une impasse qu'il serait bien désirable de supprimer ; mais le Conseil général de Seine-et-Oise a refusé jusqu'ici de prolonger le chemin.

Sa longueur totale est de 1.317 mètres, dont 850 seulement sur Villetaneuse ; il est entièrement pavé et en bon état.

Du ru d'Arra au chemin de grande communication n° 24, sur une longueur de 211 mètres, la chaussée est pavée en boutisses de 10/24/16, sur une largeur uniforme de 6 mètres. Les trottoirs, non plantés, ont une largeur de 3 mètres chacun.

Du chemin de grande communication n° 24, jusqu'à son terminus sur la route Nationale n° 1, à l'entrée de Pierrefitte, soit sur une longueur de 1.106 mètres, la largeur uniforme de la chaussée est de 6 mètres ; elle est pavée en gros échantillons de $0^m,23$ cubiques ; les trottoirs, d'une largeur régulière de 3 mètres, sont pourvus d'une file de plantations.

Chemins vicinaux ordinaires. — Le tableau suivant donne la situation du réseau vicinal ordinaire de la commune de Villetaneuse, ainsi que des renseignements sur les travaux exécutés :

NUMÉROS	DÉSIGNATION DES CHEMINS	LONGUEUR	ORIGINE	FIN	LARGEUR moyenne TOTALE	CHAUSSÉE	CHAUSSÉE NATURE	ÉTAT	OBSERVATIONS
1	CHEMIN DES MARAIS	m. 240	Chemin de Grande communication, n° 24	Territoire de Montmagny	6 ᵐ	4 ᵐ	Pavage avec bordures.	Bon	En état de viabilité s. 130 ᵐ.
2	CHEMIN VERT......	1.258	Route dépᵃˡᵉ n° 11 *bis.*	Chemin de Grande communication, n° 24.	9	6	Pavage entre bordures.	id.	
3	CHEMIN DES BŒUFS	1.173	Chemin vert.	Territoire de Pierrefitte.	10	6 *(a)*	Pavage avec bordures. Pavage à revers perdus.	id.	*(a)* sur 693 m.
						6 *(b)*	Empierrement à revers perdus.		*(b)* lacune sur 420 mètres.
	TOTAL......	2.671							

Entretien.— Les dépenses relatives à l'entretien se sont élevées, en 1895, à 4.294 fr. 08 (le département a alloué une subvention de 2.747 francs).

Travaux neufs sur chemins vicinaux ordinaires { Travaux faits dans l'année et dépenses correspondantes } Néant. Projets en préparation, néant.

Chemins ruraux. — Le tableau ci-dessous donne la situation du réseau rural de la commune de Villetaneuse :

TABLEAU

NUMÉROS	DÉSIGNATION	LONGUEUR	LARGEUR	NATURE du SOL	PLANTATIONS	ÉTAT
1	La petite Ruelle........	729 m	2 m	Terre	Néant	Bon, en été
2	Sentier derrière le pays.	75	2	id.	id.	id.
3	Sentier sous les jardins.	369	2	id.	id.	id.
4	Chemin des Roses	370	3	id.	id.	id.
6	Chemin des Eminences.	368	3	id.	id.	id:
7	Chemin du Haut-Parc..	537	3	id.	id.	id·
8	Chemin des Carrières..	442	3	id.	id.	id.
9	Chemin du Bas-Parc...	335	3	id.	id.	id.
10	Sentier du Haut-Parc..	200	1	id.	id.	id.
11	Sentier du Clos	260	1	id.	id.	id.
12	Chemin du Lavoir	529	3	id.	id.	id.
13	Chemin derrière le Châ-teau	490	3	id.	id.	id.
15	Chemin de la Maladrerie	492	3	Terre	id.	id.
16	Chemin des Aunes ou de Saint-Marc	831	8	id.	id.	id.
17	Sentier des Marais.....	208	4	Pavé	id.	id.
18	Egout du Pays	171	2	id.	id.	id.
19	Sentier du Poteau......	810	2	Terre	id.	id.
20	Ruelle Verte	310	4	id.	id.	id.
21	Chemin de Coquenard à Montmagny..........	410	10	Pavé	id.	id.
22	Chemin des Joncherolles	515	3	Terre	id.	id.
	Total.......	8.451				

Note.— Le chemin 5 et le chemin 14 n'existent plus ; ce dernier, dont l'inauguration a donné lieu, le 25 septembre 1895, à une cérémonie locale intéressante, est devenu le chemin vicinal n° 3.

Route militaire. — Néant.

Voirie urbaine. — Les rues de la commune sont au nombre de 4 et portent toutes des noms tirés de leur situation topographique. Aucun souvenir historique n'a été pour elles l'occasion de dénomination particulière.

Voirie urbaine { Travaux faits dans l'année et dépenses correspondantes } Réfection du ponceau à la limite du territoire de Montmagny (chemin rural n° 20), rue des Marais.
Projets en préparation, néant.

Prestations. — Par suite de l'insuffisance des ressources ordinaires de la commune applicables à l'entretien des chemins vicinaux, le Conseil municipal vote, chaque année, 3 journées de prestations en nature dont la valeur en argent est appréciée par le Conseil d'arrondissement et le Conseil général.

Le rôle de l'année 1896 comporte 786 articles imposés, se décomposant ainsi qu'il suit :

```
360 journées d'homme à 2 francs. . . . . . . . . . .   720  »
234 journées de cheval ou de mulet à 2 fr. 25. . . . .   526,50
  3 journées d'ânes à 0 fr. 75. . . . .   . . . . . .     2,25
189 journées de charrette ou voiture à 2 fr. 25 . . . .  425,25
```

Sur ce nombre de journées, sont faites en nature :

```
4 journées d'homme.
1 1/2 journée de cheval ou mulet.
1 1/2 journée de charrette ou voiture.
```

Il convient d'ajouter que la somme provenant des prestations se trouve, en général, considérablement réduite par suite de décharges, cotes indues et nombreuses non-valeurs.

De plus, Villetaneuse étant une des communes qui votent, chaque année, 5 centimes ordinaires, plus trois journées de prestations, a reçu du département un subside de 2.747 francs.

Entretien des rues et des chemins ruraux. — L'entretien des rues de la commune et des chemins ruraux se fait sous la direction de l'agent voyer communal qui a sous ses ordres un cantonnier rural.

Un cantonnier spécial est chargé de l'entretien des chemins vicinaux.

Balayage. — Les habitants sont tenus de balayer régulièrement, deux fois par semaine, au droit de leurs maisons, boutiques, cours, jardins et autres emplacements jusqu'au milieu de la chaussée dans les rues et passages dépendant de la voirie urbaine. Le balayage doit être terminé à 8 heures du matin, depuis le 1er octobre jusqu'au 1er mars et, à 7 heures, pendant le reste de l'année. .

Droits de voirie. — Par délibération du 7 août 1885, rendue exécutoire par arrêté préfectoral du 3 décembre suivant, le Conseil municipal a décidé le rétablissement des droits de voirie votés par lui, le 19 août 1860, et abandonnés le 2 octobre 1880.

Les droits de voirie ont rapporté, en 1895, environ 60 francs (Voir aux annexes).

Ponts. — Néant.

Rus. — Il a été fait mention à l'article « Hydrographie » des divers rus qui sillonnent le territoire de le commune.

Leur curage est fait tous les ans, au mois de mars ou de septembre, par les riverains et à leur défaut, par la commune, sauf recours ultérieur contre les propriétaires responsables.

Port. — Néant.

Égout. — Néant.

Enlèvement des boues. — L'enlèvement des boues, neiges, glaces est fait par les habitants.

Distance de Paris. — La distance de Paris (parvis Notre-Dame) à Villetaneuse (Mairie) est de 14 kilomètres, en suivant la route nationale n° 1 et le chemin de grande communication n° 25.

Distance du chef-lieu de canton. — Villetaneuse est à 7 kilomètres 300 mètres d'Aubervilliers.

Distance des autres communes du canton :

Pierrefitte est à 2 kilomètres 300 mètres.
Stains est à 4 kilomètres 500 mètres.
Dugny est à 7 kilomètres 900 mètres.
La Courneuve est à 6 kilomètres 500 mètres.

Moyens de transport. — La commune est desservie, depuis le 15 décembre 1889, par le chemin de fer de Grande-Ceinture qui correspond avec la ligne du Nord à Épinay. Quatre trains dans chaque sens et par jour s'arrêtent à la halte de Villetaneuse, qui se trouve à 300 mètres environ de l'agglomération communale.

	BILLETS SIMPLES			BILLETS D'ALLER ET RETOUR		
	1re CL.	2e CL.	3e CL.	1re CL.	2e CL.	3e CL.
Prix du trajet entre Epinay et Villetaneuse.	o fr. 25	o fr. 15	o fr. 10	o fr. 50	o fr. 30	o fr. 20

Il est délivré des billets d'aller et retour à prix réduits entre toutes les gares, stations, haltes ou arrêts intermédiaires du chemin de fer de Grande-Ceinture.

Il n'est pas délivré de cartes d'abonnement entre Paris et Villetaneuse.

Billets d'ouvriers. — La Compagnie du chemin de fer du Nord met des billets hebdomadaires à prix réduits (1 fr. 40) à la disposition des ouvriers d'Épinay.

Ceux qui habitent Villetaneuse peuvent profiter de cet arrangement.

Omnibus. — Néant.

Eaux.— La commune de Villetaneuse est alimentée par la Compagnie générale des eaux, dont le siège social est à Paris, rue d'Anjou, n° 52, en vertu d'un traité en date du 10 juillet 1882, approuvé par arrêté préfectoral du 18 août suivant pour une durée de 50 années. Le prix de l'abonnement est de 700 francs.

Il y a 3 bornes-fontaines et 3 bouches d'eau.

L'eau est fournie gratuitement aux écoles et à la mairie.

Il n'existe pas de puits artésien.

Éclairage au gaz. — La commune est éclairée au pétrole par sept appareils.

L'entreprise est faite par soumission.

§ IV. — JUSTICE ET POLICE

Justice de paix. — La commune de Villetaneuse dépend de la Justice de Paix de Saint-Denis.

Les audiences de conciliation ont lieu le mardi et les audiences publiques le vendredi.

Offices ministériels. — Il n'y a pas d'offices ministériels dans la commune.

Commissariat de Police. — Villetaneuse relève du commissariat de Police de Saint-Denis (Nord). Des agents de ce commissariat viennent faire des tournées dans la commune.

Gendarmerie. — La brigade de gendarmerie d'Epinay assure la sécurité publique de la commune par des rondes fréquentes.

Garde champêtre. — Il n'y a qu'un garde champêtre dans la commune; il est en même temps concierge de la mairie.

Messiers. — Depuis un temps fort reculé, les cultivateurs de la commune choisissent, parmi eux, trois gardes-messiers chargés de la surveillance des produits des champs.

Ces gardes-messiers sont assermentés, mais ne sont pas salariés.

§ V. — CULTES

Paroisse. — La paroisse de Villetaneuse constitue une succursale dont le desservant reçoit un traitement de 900 francs par an, plus un supplément de traitement de 300 francs, alloué par la commune.

Budget de la fabrique. — Les recettes du budget de la fabrique s'élèvent à 1.000 francs environ.

Fondations. — Fondations faites jusqu'à ce jour :

1° *Fondation Vve Robert.* — Legs d'une rente de 30 francs pour fondation d'un service annuel à perpétuité. Décret du 7 mars 1836.

2° *Fondation Joseph Laurent.* — Legs d'une rente de 30 francs pour fondation d'un service anniversaire annuel, plus une messe basse annuelle. Décret du 22 mai 1871.

3° *Fondation Mme Deulin.* — Legs d'une rente de 30 francs pour faire dire des messes basses. Arrêté du 24 juillet 1873.

4° *Fondation Daunard.* — Legs d'une rente de 30 francs aux conditions suivantes : entretien du tombeau de famille; une messe tous les mois, plus deux messes dans le cours de l'année. Décret du 8 février 1878.

5° *Fondation Grivellé.* — Legs d'une rente de 73 francs pour faire dire une messe par mois. Décret du 18 février 1885.

Congrégations. — Néant.

§ VI. — SERVICES DIVERS

Poste, télégraphe, téléphone. — Pour ces divers services, Villetaneuse dépend de Pierrefitte.

Un facteur et un porteur de dépêches du bureau de Pierrefitte sont chargés d'assurer le service à Villetaneuse.

Il est fait deux distributions par jour.

Il n'y a qu'une boîte aux lettres, à la porte de la mairie.

Caisse nationale d'épargne (de Paris). — Il a été délivré, en 1895, dix livrets pour une somme de 85 francs.

Sapeurs-pompiers. — La subdivision des sapeurs-pompiers de Villetaneuse a un effectif de 19 hommes, dont 1 sergent et 1 caporal-clairon.

Les pompiers sont exonérés des prestations; le clairon reçoit une solde de 5o francs.

La commune a voté, en 1895 :

> 1oo francs pour frais d'habillement et d'équipement;
> 5o francs pour l'entretien des pompes et accessoires.

Le matériel de secours, composé de deux pompes, d'un dévidoir et de divers accessoires est remisé dans un hangar, le long de l'église.

Marché. — Néant.

Pompes funèbres. — Aucun traité n'a été passé entre la commune et l'entreprise des pompes funèbres générales.

La fabrique est propriétaire des tentures pour l'église et les maisons mortuaires; il y a cinq classes; les cercueils sont portés à bras et les porteurs peuvent être choisis par les familles.

Si l'on veut donner plus d'éclat à une cérémonie funèbre, il faut s'adresser au curé, qui fait venir de Paris le matériel demandé.

Bureau de tabac. — Un seul bureau de tabac se trouve dans la localité; il est situé rue de Paris, 23.

Bibliothèque municipale publique. — La bibliothèque municipale de prêts gratuits à domicile a été fondée au mois de novembre 1882.

Elle est installée dans une des salles de la mairie et placée sous la direction du secrétaire.

Elle est ouverte au public tous les jours, à partir de 4 heures du soir.

1.134 volumes sont mis à la disposition des lecteurs qui sont au nombre de 6o.

Archives de la commune. — Les registres de la commune se

composent des registres paroissiaux, brochés, depuis 1628 et des registres de l'état civil, reliés, depuis 1793.

En dehors des registres de l'état civil, les archives comprennent: les registres des délibérations du conseil municipal;

Divers titres de propriété, modernes;

De nombreux dossiers relatifs aux affaires communales.

§ VII. — PERSONNEL COMMUNAL

NOMBRE	EMPLOI	TRAITEMENT
1	Médecin du Bureau de bienfaisance (à Pierrefitte).........	6o francs
1	Secrétaire de la mairie	8oo —
1	Receveur municipal (emploi occupé par le percepteur de Saint-Denis).....................................	7o7 —
1	Architecte.....................................	1oo —
1	Agent voyer communal.....................................	15o —
1	Cantonnier.....................................	1.32o —
1	Garde champêtre (en même temps concierge de la mairie).	1.28o —

III. — RENSEIGNEMENTS DIVERS

Fêtes locales et foires. — La fête communale se tient, chaque année, le premier dimanche de juin, sur la place publique, devant l'église.

Elle est fort peu importante.

Courses de chevaux. — Néant.

Principales industries. — 3 carrières de plâtre, occupant entre elles 150 ouvriers; 1 fabrique de fibre chamois, occupant 50 ouvriers; une fabrique d'engrais, occupant 10 ouvriers.

Commerce et productions du pays. — Les habitants de Villetaneuse sont en grande partie cultivateurs; les grains et légumes sont la presque unique production du pays.

Écoles libres. — Néant.

Sociétés diverses. — Une société de tir, le Tir Flobertiste, comprend 12 membres, qui paient une cotisation de 18 francs par an.

Une société de gymnastique comprend 12 membres dont la cotisation est de 12 francs par an.

La commune lui accorde un secours annuel de 50 francs.

Médecins, pharmaciens, vétérinaires, sages-femmes

Néant.

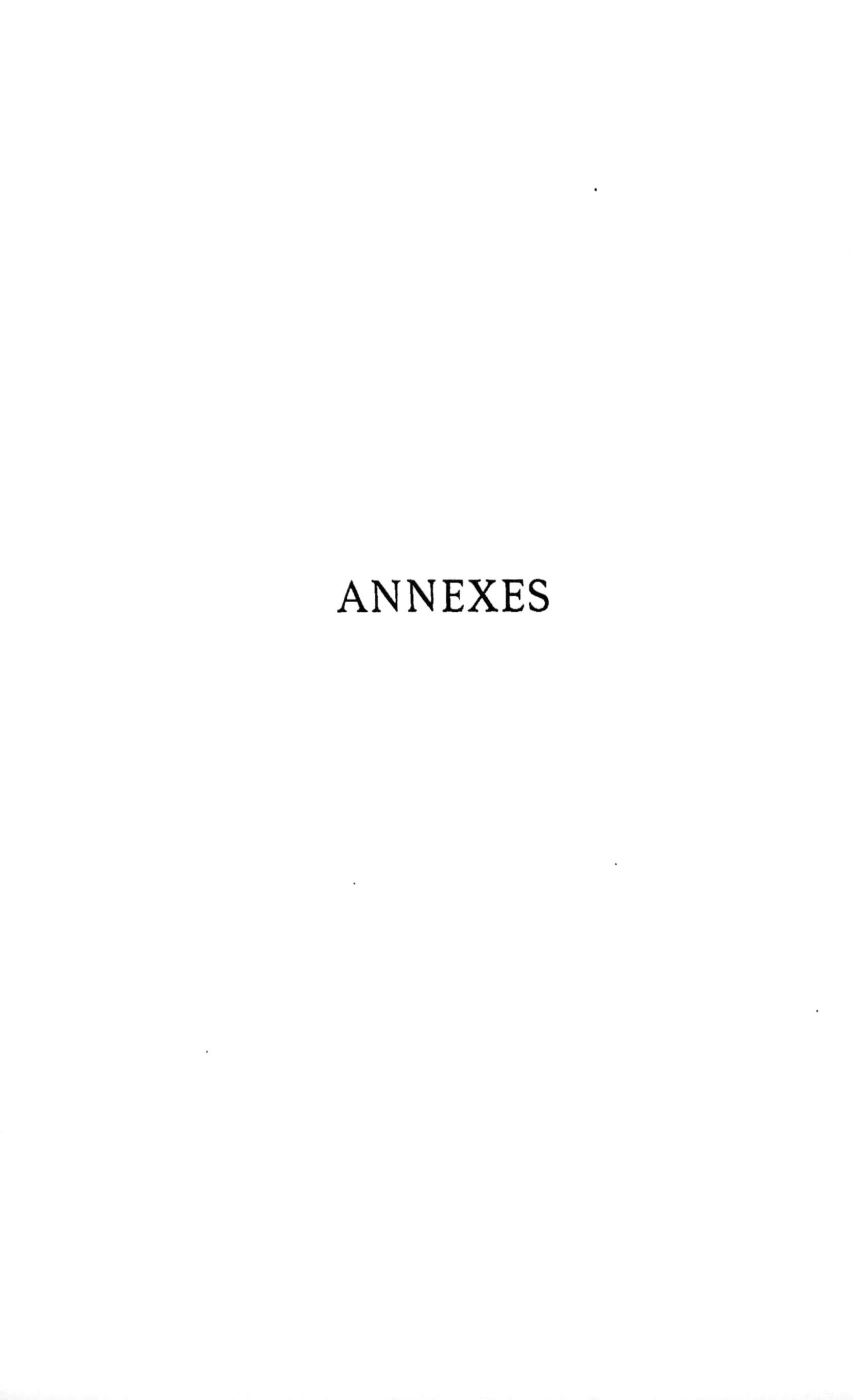

ANNEXES

CONSEIL MUNICIPAL (1896)

MM. BERLAN, François, maire,	MM. HOUDION, Joseph, conseiller.
LENOIR, Louis, adjoint.	TULEU, Gabriel —
BRUNEL, Charles, conseiller.	LAURENT, Achille —
LATTEUX, Achille —	COUTY, Félix —
LEDRU, Vincent —	BERTHE, Alexandre —
BETHMONT, Alfred —	SEILLER, Emile —

TARIF DES CONCESSIONS

DANS

LE CIMETIÈRE

———

Par une délibération du 13 mars 1893, approuvée par arrêté préfectoral du 5 mai suivant, le tarif des droits ayant trait au cimetière a été fixé ainsi qu'il suit:

I. — CAVEAU PROVISOIRE

Dépôt d'une durée de 1 à 10 jours	10 fr.
Un mois, c'est-à-dire au-dessus des 10 premiers jours.	20 fr.
Tout mois commencé est dû dans son entier après le premier mois, soit	20 fr.

II. — CONCESSIONS

Concessions perpétuelles doubles	402 fr.
Concessions perpétuelles simples	201 »
Concessions trentenaires.	90 »
Concessions de quinze ans.	51 »

III. — FOUILLES

Concessions perpétuelles doubles.	35 fr.
— — simples.	20 »
— trentenaires	10 »
— de quinze ans	10 »
— fosses communes	6 »

Toutefois, et pour les concessions perpétuelles doubles et simples, le tarif sera abaissé à 10 francs dans le cas où les terres seraient rejetées dans la fosse après la descente du corps.

IV. — Démolitions

Les frais de démolition de sépulture, de transport et de conservation des objets funéraires sont fixés à 6 francs.

V. — Exhumations

Toute exhumation exigera un droit de 8 francs.

Le cimetière est continuellement fermé et n'a pas de gardien. Le maire et chaque propriétaire de concession en possèdent une clef qui leur permet d'y entrer à toute heure.

TARIF DES DROITS DE VOIRIE

§ I. CONSTRUCTIONS NEUVES

Alignement pour chaque mètre de longueur de façade :

1º de bâtiment en maçonnerie.	3 fr. 5o
2º de construction en pan de bois.	6 fr. »
3º de mur de clôture	o fr. 7o

Exhaussement d'un bâtiment, par chaque mètre de longueur de façade et par étage . . . .   1 fr. 75

§ II. CONSTRUCTIONS EN SAILLIE
Saillies *fixes*

Grand balcon, par mètre de longueur (sont considérés comme grands balcons ceux qui ont plus de 2 mètres de longueur) . . . .   7 fr. »

Petit balcon, droit fixe . . . .   3 fr. »

Colonne ou pilastre, droit fixe. . . . .   3 fr. »

Borne isolée ou engagée, droit fixe . . . .   o fr. 5o

Banc sur la façade des maisons, droit fixe . . . . .   1 fr. »

Dans le cas de rétablissement de chacun de ces divers objets, il ne sera perçu qu'un demi droit.

Saillies *mobiles*

Auvent en bois ou en métal :

1º au-dessus d'une boutique, droit fixe. . .	3 fr. »
2º au-dessus d'une porte, dite marquise, droit fixe	5 fr. »

Porte ouvrant en dehors et croisée munie de contrevents, volets ou persiennes ou garnie de grille ou barreaux en saillie, pour chaque porte ou croisée, droit fixe . . . .   1 fr. »

Tableau, enseigne ou lanterne, droit fixe. . . . . .   5 fr. »

Devanture de boutique, droit fixe . . . .   8 fr. »

Embattoir, échoppe, droit fixe . . . . 20 fr. »
On paiera en outre un droit fixe pour la location du
terrain communal occupé par ces derniers ouvra-
ges; le droit sera déterminé par l'arrêté qui autori-
sera l'occupation du terrain.

§ III. travaux d'exhaussement ou de réparation

Reconstruction partielle du mur de face, y compris
le bouchement des baies :

 1º au rez-de-chaussée d'un bâtiment, pour
 chaque mètre de longueur (Il ne pourra
 être compté moins d'un mètre) . . . . . 1 fr. 25
 2º au-dessus d'un rez-de-chaussée, par chacun des étages et par mètre de longueur . 1 fr. »

Ouverture avec ou sans linteau ou poitrail :

 1º d'une croisée . . . . 2 fr. 5o
 2º d'une porte bâtarde. . . . . 4 fr. »
 3º d'une porte charretière ou cochère ou
 d'une grille . . . . 10 fr. »
 4º d'une baie de boutique. . . . . 8 fr. »

Ravalement partiel ou général :

 1º de la façade d'une maison, par mètre liné-
 aire et par étage. . . . . o fr. 25
 2º d'un mur de clôture. . . . . o fr. 20
Colonne en fer ou poteau, droit fixe. . . . . o fr. 5o
Revêtissement en dalles, par mètre de longueur. . . o fr. 5o

§ IV. droits divers

Barrières devant des travaux, droit fixe . . . . . . 2 fr. »
Étai, chevalement, contre-fiche, droit fixe par batte-
rie d'étai . . . . 3 fr. 20
Dépôt de matériaux autorisé sur la voie publique,
quelle qu'en soit la nature, par mètre superficiel et
par mois . . . . o fr. 20
On ne pourra taxer moins d'un mètre.

TABLE

———

RENSEIGNEMENTS ADMINISTRATIFS

I. TOPOGRAPHIE, DÉMOGRAPHIE ET FINANCES

§ I. *Territoire et domaine*

§ II. *Démographie*

COMPOSÉ, IMPRIMÉ ET BROCHÉ
PAR LES PUPILLES DU DÉPARTEMENT DE LA SEINE,
ÉLÈVES DE L'ÉCOLE D'ALEMBERT
A MONTÉVRAIN

COMPARAISON

DE LA

POPULATION

ET DES

RECETTES ORDINAIRES

Relevées aux époques de Recensement

(1801 à 1896)

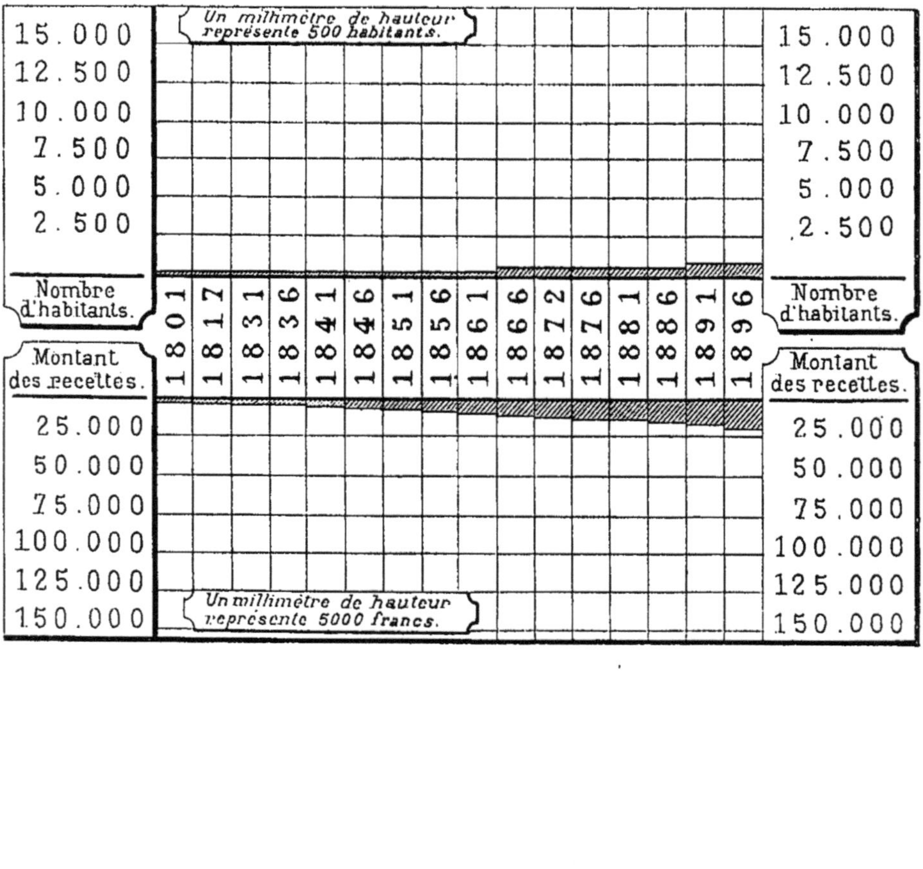

15.000	Un millimètre de hauteur représente 500 habitants.															15.000
12.500																12.500
10.000																10.000
7.500																7.500
5.000																5.000
2.500																2.500
Nombre d'habitants.	1801	1812	1831	1836	1841	1846	1851	1856	1861	1866	1872	1876	1881	1886	1891	1896	Nombre d'habitants.
Montant des recettes.																Montant des recettes.
25.000																25.000
50.000																50.000
75.000																75.000
100.000																100.000
125.000																125.000
150.000	Un millimètre de hauteur représente 5000 francs.															150.000

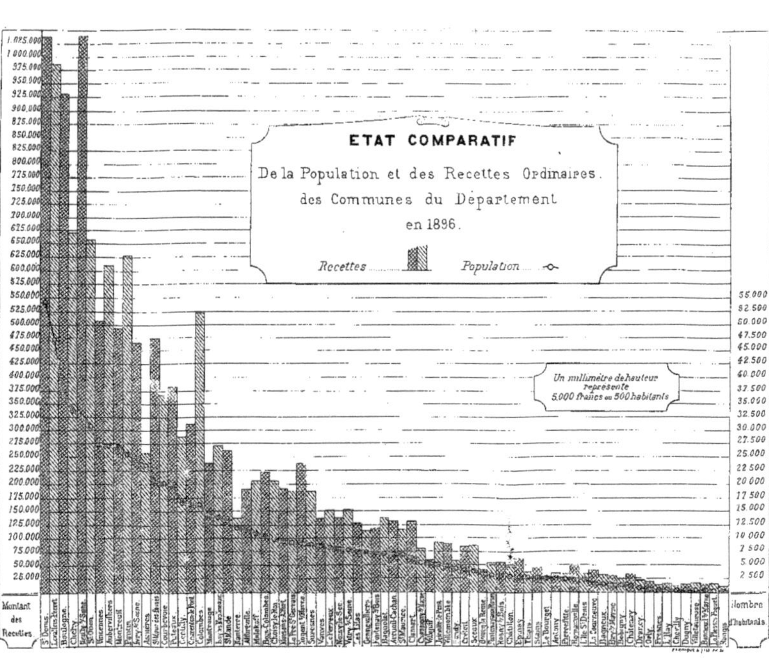

ETAT COMPARATIF
De la Population et des Recettes Ordinaires.
des Communes du Département
en 1896.
Recettes
Population
Un millimètre de hauteur
represente
5.000 francs ou 500 habitants
Montant des Recettes
Nombre d'habitants

VILLE D'ANVERS

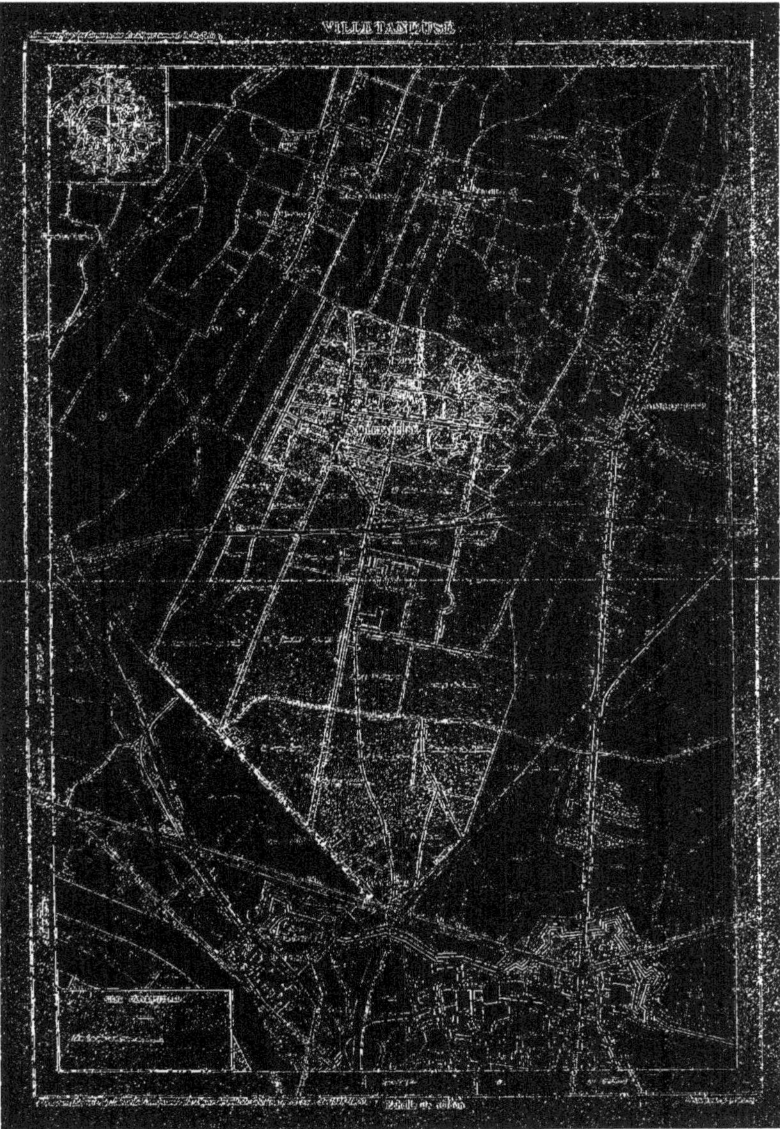